LA TAURIDE,

OU

LA PRISE DE SÉBASTOPOL,

POËME MILITAIRE,

PAR BARTHÉLEMY.

> Gesta Dei per Francos.
> *(Ancienne chronique.)*

PARIS.

IMPRIMÉ, PAR AUTORISATION DE S. EXC. LE MINISTRE DE L'INSTRUCTION PUBLIQUE

ET DES CULTES,

A L'IMPRIMERIE IMPÉRIALE.

—

M DCCC LV.

LA TAURIDE,

ou

LA PRISE DE SÉBASTOPOL,

POËME MILITAIRE.

> Gesta Dei per Francos.
> *(Ancienne chronique.)*

PROLOGUE.

Éclatez maintenant, bronzes des Invalides !
Soulevez-vous par bonds sur vos affûts solides ;
Il en est temps : voilà bien des jours, bien des mois,
Qu'on vous interrogeait, et vous restiez sans voix !
Répondez-nous enfin, fulminantes trompettes !
Et silence aux faux bruits, silence aux faux prophètes !
Que vos bouches de feu lancent enc'or plus haut
Ces vibrants *Te Deum* qu'on écoute en sursaut.
De l'orchestre des camps sublimes basses-tailles,
C'est peu d'avoir chanté deux insignes batailles ;

La gloire aima toujours la trinité des noms.
Répondez à l'écho des fraternels canons
Dont la lumière est chaude encor dans la Crimée;
Répondez à la voix de notre grande armée,
Au cri que la Russie entend avec terreur,
Le cri : *Vive la France* et *vive l'Empereur !*

Et vous, débris sacrés de l'ère impériale,
Légions qu'étreignit la zone glaciale,
Triste amoncellement d'hommes qu'extermina
Le tourbillon hurlant de la Bérésina;
Soldats qui dans le feu passiez comme des trombes;
Vous tous qui frissonnez sous vos neigeuses tombes,
Fantômes qui, loin d'être à jamais endormis,
Jetez des cris d'horreur vers des cieux ennemis,
Et, depuis quarante ans, dans ces steppes sauvages,
Comme les fils de Thor, flottez sur les nuages,
Voici l'heure pour vous de dépouiller le deuil !
Que vos fronts balafrés s'illuminent d'orgueil !
Redressez les tronçons de vos vieilles armures;
Que vos mânes en paix cessent leurs longs murmures;
Qu'en hourras triomphants vos soupirs soient changés :
Fantômes paternels ! vos fils vous ont vengés.

On disait : « Notre siècle, oublieux de l'épée,
Ne saurait plus fournir un thème à l'épopée;
Dans son livre de gloire il lit avec ennui.
Les rois, les empereurs, les peuples d'aujourd'hui,

Concentrant les calculs de leur pensée entière
Aux prosaïques soins de l'utile matière,
Se cotisent entre eux, se fatiguent les reins
Pour bâtir des maisons, pour creuser des terrains.
Les civiques vertus, valeur indifférente,
Ne sont pas des effets cotés comme la rente ;
Aux dévoûments publics, aux saints élans du cœur,
L'égoïsme bourgeois jette un rire moqueur.
Il a fui sans retour, le temps des grandes choses,
Des grands hommes sacrés par des apothéoses !
Le vieil Empire mort n'aura pas son second ;
Le char de la Victoire est pour nous un waggon. »

Tels étaient vos discours, hommes sans espérance !
Hommes de peu de foi ! détracteurs de la France !
Tel était par vos cœurs l'avenir pressenti ;
Eh bien ! ce jour vous donne un flagrant démenti :
Voici que l'Orient sonne le boute-selle
Pour une guerre où court l'Europe universelle ;
Guerre où les régiments demandent à grands cris
La faveur du départ, la gloire d'être inscrits ;
Guerre où la Charité, vierge aux flammes divines,
Entraîne un bataillon de blanches héroïnes ;
Guerre de la raison, du bon droit suscité
Contre la barbarie et la rapacité ;
Guerre où l'honneur, pour nous, est le premier salaire ;
Guerre qui doit ouvrir une paix séculaire,
Voici que, pour donner un drame saisissant,

La Tauride a rouvert son théâtre de sang.
Sur l'exécrable sol, dans les mêmes domaines
Où Thoas égorgeait des victimes humaines;
Voici que sur la scène apparaissent, marquants,
Des Masséna, des Ney, météores des camps,
Inspirés comme ceux de nos vieux répertoires;
Voici de nouveaux noms, constellés de victoires,
Aussi grands que jamais l'histoire en burina,
Aussi beaux que Fridland, Austerlitz, Iéna.

LE DÉBARQUEMENT.

Quel début! bien souvent, vers des plages lointaines,
D'innombrables soldats et de forts capitaines
Voguèrent avant nous sur l'Océan surpris;
Sans parler de ce roi, fameux par ses débris,
De Xerxès qui, donnant aux flots les étrivières,
Pour abreuver son camp tarissait les rivières,
Dans les temps féodaux, on voyait aux lieux saints
S'abattre les Croisés, tumultueux essaims
Que suivait la discorde en leur pèlerinage.
Le fils de Charles-Quint, après le moyen âge,
Quand vers les bords anglais il promena son vol,
Encombra l'Océan du naufrage espagnol;
Mais la France alliée à la Grande-Bretagne,
Fourgons, mortiers, canons de siége et de campagne,
Partant et débarquant avec de tels accords
Qu'on dirait un seul peuple, une âme avec deux corps,

Sans heurter un hasard, un obstacle sur l'onde,
Voilà ce que jamais ne vit encor le monde.
O prodige dont peut notre siècle être vain !
La science a rendu l'homme presque devin.
L'amiral avait dit, l'œil fixé sur la carte :
« A tel jour de ce mois nous serons là; qu'on parte ! »
Et nous partons. Les flots de l'abîme grondant,
Les vents ont entendu l'ordre du commandant.
Sous trois mille canons l'onde écume et se brise.
Poussé par les volcans qui lui servent de brise,
Le convoi symétrique ouvre le sein des eaux :
Tels voyagent aux cieux ces bataillons d'oiseaux,
Géomètres de l'air, qui, sous leur envergure,
D'un angle ou d'une croix dessinent la figure.
Si quelque lourde voile, en louvoyant à part,
Rompt un moment la ligne imposée au départ,
A ses flancs paresseux les Vapeurs attelées
La traînent au galop sur les routes salées.
Aussi, les Alliés marchent d'un cours certain,
Longent la péninsule où plane le Destin,
Font halte, au jour précis dont ils avaient pris date,
Sous Eupatoria, fille de Mithridate,
Et, sans rompre les rangs, sans perdre son niveau,
Ce monde va bondir sur un monde nouveau.

Mais de ces rangs encor balancés par la houle,
De tous ces régiments qui se dressent en foule,
Highlanders, riflemen, chasseurs, zouaves, dragons,

Quels sont ceux qu'entre tous ici nous distinguons,
Qui foulent les premiers ces rives inconnues?
O toi, géant guerrier qui veilles sur les nues!
Patron de tout soldat dans les jours triomphants,
Souris, vieil Empereur! ce sont les vrais enfants
De ceux que promena ton ellipse lointaine
Des sommets du Thabor aux flots du Borysthène!
Les voici : Saint-Arnaud, dont vingt ans, sur ses bords
L'Afrique, sans l'abattre, a fatigué le corps;
Canrobert, dont la place également se marque
Au conseil, au combat : un homme de Plutarque;
Bosquet, qui du soldat est l'amour et l'orgueil;
Forey, qui dans Warna veilla sur un long deuil;
De Failly, digne preux de cette grande joute;
Brancion, dont la tombe élève une redoute:
Lavarande, si prompt à s'élancer au feu,
Et vingt autres, groupés autour de ton neveu.

L'ALMA.

Où donc est l'ennemi? Nul casque n'étincelle,
Nul cavalier ne passe incliné sur la selle,
Nul cheval n'émeut l'air du cri de ses naseaux.
Et sa flotte, en quels lieux est-elle? Sous les eaux!
Pendant que nos marins labouraient la mer Noire,
Dans les fanges d'un port elle a cherché la gloire.
Depuis Moscou qui mit la flamme à ses bazars,
Tel est l'enseignement que suit chacun des czars :

Dès qu'aux mains du vainqueur il va tomber en proie,
Suicide farouche, il se brûle ou se noie.

Rassurez-vous, pourtant, vous verrez l'ennemi,
Soldats ! et quatre fois vous n'aurez pas dormi,
Que vous apparaîtront, sur les voisines crêtes,
Des hommes, des chevaux, des éclairs, des tempêtes.

Tambours, clairons, sonnez la charge, les voici !
D'un long rideau mouvant l'horizon est noirci ;
Les hauteurs de l'Alma, mornes et solitaires,
Se peuplent de soldats ; et de rouges cratères,
Dans le creux des ravins labourés en tous sens,
Vomissent, coup sur coup, les boulets bondissants.
En avant ! et *Forward !* ce cri de guerre éclate
Dans les régiments bleus, et la ligne écarlate,
Brûlant de se montrer, en ce jour hasardeux,
Anglais dignes de nous, et Français dignes d'eux.
Voyez-vous s'avancer vers l'ardente fournaise
Le sang-froid britannique et la fougue française ?
Eux graves, solennels, en un bloc rassemblés,
Insoucieux du plomb dont leurs flancs sont criblés,
Se meuvent d'un pas lent et jamais rétrograde,
Tels que dans Hyde-Park ils vont à la parade.
Nous, que nul frein ne tient quand l'aiguillon nous mord,
Nous, au lieu de marcher, nous courons sur la mort.
Les voyez-vous, plus prompts que la cavalerie,
Ces bataillons passés au feu de l'Algérie,

Les chasseurs endurcis aux soleils africains,
Les zouaves au cou brun, aux jaunes brodequins;
Tantôt debout, tantôt couchés à plat sur terre,
Passant du vol de l'aigle au bond de la panthère,
Par des angles saillants ou par des chemins creux,
Ils ont gravi les rocs d'où la mort fond sur eux.
Là commence une lutte encor plus acharnée,
Lutte qui finira cette grande journée.
Oh! que de braves chefs, en s'ouvrant un chemin,
A la tête des rangs tombent l'épée en main!
Près de Napoléon, que le hasard évite,
Thomas est renversé par un plomb moscovite;
Canrobert, dont le sang doit s'épancher partout,
Sous son cheval broyé tombe et surgit debout;
Plus loin, dernier bonheur que le destin lui laisse!
Entre deux cavaliers, appuis de sa faiblesse,
Apparaît, fugitif de son lit de douleur,
Saint-Arnaud, qu'illumine une ardente pâleur;
Il passe, et, d'une voix par le cœur ranimée,
Ce héros défaillant soutient toute une armée,
Invoquant un boulet, que refuse le sort,
Pour son généreux sein qui renferme la mort.

Tout à coup, à travers le feu qui les décime,
Les Calédoniens surmontent l'autre cime,
Et, secondant nos coups, l'impassible Raglan
De ses rouges dragons précipite l'élan.
L'aigle des czars se trouble; avec sa double tête,

Elle voit sur deux points bouillonner la tempête;
Ses pâles défenseurs, tels que dans le tableau
Où Gros monumenta la bataille d'Eylau,
D'un regard effaré, reconnaissant la France;
O terreur! ce n'est point une vaine apparence;
Ils ont cru voir, que dis-je? entre leurs bataillons
Ils ont vu s'agiter en lumineux sillons
Le géant d'Austerlitz dont l'aspect les terrasse,
Le grand Napoléon, protecteur de sa race,
Type fascinateur, qui fait bondir le sein,
Et dont tout peuple au monde a gardé le dessin.
Dès lors, ils n'offrent plus qu'une masse dissoute;
Leurs cadavres sans nombre enchevêtrent la route;
Les rochers pêle-mêle étaient confondus
Des fusils fracassés et des casques fendus.
Les uns, la face encor d'épouvante saisie,
Courent, en haletant, jusqu'à Théodosie;
Les autres, derniers rangs de bataillons épars
Qu'à grands cris Menschikoff rappelle en ses remparts,
Cherchent sous leurs canons des retraites plus sûres:
Et, les jarrets tremblants, sillonnés de blessures,
Le sauvage troupeau que la peur réunit
S'enfonce et disparaît sous les murs de granit.

LE SIÉGE.

Vous avez beaucoup fait, soldats! l'aigle française
Vient de prendre son vol sur le cap Chersonèse;

Et, bien avant d'atteindre à ces climats nouveaux,
Par combien de périls, de sévères travaux,
La guerre vous avait durcis à son école!
Vaillant vous a lancés aux murs du Capitole;
Sur les pics de l'Atlas, que brûle un ciel d'airain,
Au Kabyle indompté vous avez mis le frein;
Vos sueurs ont coulé d'Oran à Constantine;
Vos bras ont enchaîné la discorde intestine;
Quand un fléau livide envahissait vos rangs,
Vous l'avez vu, sans peur, avec des yeux mourants;
Vous avez mille fois enduré sous la tente
La nudité, la faim, la soif plus irritante,
Des nuits de glace après de torrides chaleurs :
Eh bien! vous n'avez fait que marcher sur des fleurs.
C'était là des Français l'héroïsme vulgaire;
C'étaient des jeux guerriers; soldats! voici la guerre!
Jusqu'ici les travaux accomplis par vos mains
Appartenaient à l'homme, il les faut surhumains!

Voyez ce vaste bloc, titanique structure,
Dont les flancs ont la mer, d'un côté, pour ceinture;
De l'autre, des rochers, des fleuves, des remparts
Si larges, que de front y passeraient dix chars;
Massif entassement de forts et de redoutes,
D'arsenaux abrités par d'infrangibles voûtes,
De canons dont le bruit s'entend jusqu'aux Sept-Tours
Et, lançant des boulets gros comme vos tambours,
De mortiers dont la bouche enverra sur vos têtes

Des bombes qu'on prendrait pour des ballons de fêtes ;
Ville autant défendue au dedans qu'au dehors,
Par cent mille soldats et d'éternels renforts ;
Ville qui veut mourir plutôt que de se rendre ;
Ville de feu, de fer, de bronze : il faut la prendre.
Fortifiez-vous donc pour ce grand dénoûment ;
Et, le fait accompli, défiez hardiment
Tout ce qu'on nous raconte et qu'on a peine à croire.
Dans les siècles passés, vieille ou moderne histoire,
Même dans les dix ans de l'Empire immortel ;
La guerre jusqu'à vous n'entreprit rien de tel.
Et plus tard, quand pour nous luiront des jours plus calmes,
Sous le toit paternel ombragé par vos palmes,
Vous pourrez vous tourner du côté du soleil
Et dire : Là s'est fait un siége sans pareil.

Maintenant, œuvre lente, opiniâtre, ardue,
Il faut creuser le sol dans sa longue étendue,
Inciser, pas à pas, un chemin agressif
Dans le sable et la boue et dans le rocher vif.
Là, le jour et la nuit, ceux que leur tour appelle
Vont, armés du fusil, du pic et de la pelle ;
Et, comprimant l'essor de son instinct guerrier,
Le lion se résigne à creuser un terrier.
Dans ce fossé profond que leur sueur abreuve,
Ils semblent préparer le lit de quelque fleuve,
Fleuve trop véritable, hélas ! où rouleront
Des flots d'hommes vaillants, avec la balle au front.

Déjà les fondements de la cité maudite
Frissonnent sous les coups du sapeur troglodyte;
En vain, pour échapper à ce cercle étouffant,
Le formidable mur que Menschikoff défend
D'artilleurs consternés remplit ses embrasures;
L'inévitable mort sait prendre ses mesures;
Nul angle, nul recoin ne peut les garantir :
Ils rencontrent partout la carabine à tir;
A l'abri du boulet qui passe au loin et tombe
Le chasseur, cuirassé d'une homicide tombe,
Vise tout ennemi qui se montre en avant,
Et, pour lancer la mort, il s'enterre vivant.
Alors, tel qu'en son antre un ours des Pyrénées,
Voyant autour de lui toutes routes cernées,
Assailli, sur tout point, par des veneurs ardents,
Hurle, crispe sa griffe, entre-choque ses dents,
Arrache et lance au loin les rocs de sa tanière;
Telle, entre nos longs bras, la ville prisonnière
Rassemble avec fureur et sur nous fait pleuvoir
Tout ce que lui fournit un âpre désespoir.

Depuis que, pour les maux de ceux qui devaient naître,
Un homme associa le soufre et le salpêtre;
Tout ce que put forger dans ses noirs arsenaux
Le chimique savoir des esprits infernaux
Tout ce qu'ont inventé Perkins, Paixhans, Congrève,
Pour rendre encor la mort plus terrible et plus brève,
Tous ces globes ardents qui partent furibonds

En ligne droite ou courbe, ou ricochent par bonds,
Boulets, bombes, obus, rugissantes mitrailles,
Sébastopol le fait sortir de ses entrailles.
Une fièvre pareille exalte nos deux camps :
Là, plus roides encor jaillissent des volcans,
Cataracte de fer, déluge d'incendie,
De comètes grinçant dans leur course agrandie,
Ouragan de boulets qui, se croisant dans l'air,
De la tempête russe entre-choquent le fer.
En même temps, la flotte, unie aux feux terrestres,
De ses mille sabords déchaînant les orchestres,
Prodigue sur la ville et le fort Constantin
Des tonnerres vengeurs du trône byzantin.
Sous le choc incessant de ces triples volées
Les murailles, les forts, les tours démantelées
Croulent avec fracas, et le noir firmament
Semble se crevasser sous cet ébranlement.

BALACLAVA ET INKERMANN.

O surprise ! on dirait que la ville enchantée,
Assimilant l'histoire à la fable d'Antée,
Sous ses débris fumants tombe et se reconstruit ;
Ce que trancha le jour repousse dans la nuit.
Qu'importe ! nos soldats, sous le canon qui tonne,
Poursuivant leur labeur terrible et monotone,
Creusent plus près des murs le terrain désastreux.

« Oh! que ne pouvons-nous, se disaient-ils entre eux,
Au lieu de nous blottir dans une taupinière,
En plein air, en champ libre, ouvrir notre bannière,
Voir ces Russes, non pas dans leurs murs, mais dehors,
Et mourir, s'il le faut, en luttant corps à corps ! »
Qu'ils soient contents, ils vont avoir un jour de fête.

L'Aigle russe a crié dans le camp du Prophète ;
Des masses d'ennemis bordent Balaclava ;
Debout, Anglais, Français! au secours ! — On y va :
Et déjà, réunis sur la noire falaise,
Les hussards, les dragons, la brigade écossaise
Sur ces flots débordés ont posé leur rempart.
Mais, dans cette fortune il nous faut une part ;
La voici : nos chasseurs, nos escadrons d'Afrique
Arrivent, non moins prompts qu'un message électrique ;
Ils s'élancent parmi ces loups sortis des bois,
Et, pareils au simoun qu'ils ont vu, tant de fois,
Du désert de Libye emporter la surface,
Ils refoulent au loin cette bande vorace,
Sans qu'il en reste un seul devant leurs yeux, sinon
Les vainqueurs d'un moment sabrés sur le canon.

C'était trop peu : voici des fatigues meilleures ;
Inkermann improvise un combat de six heures.

Aux premières lueurs du ténébreux matin,
D'où vient ce bruit? quel est ce tonnerre lointain ?

Tous les yeux, tous les doigts montrent un point unique; —
Plus de doute : on se bat dans le camp britannique.
Aux cris désespérés des vaincus de l'Alma,
Pour effacer le deuil que ce jour consomma,
Une armée innombrable à la hâte est sortie
Des bords cimmériens, de la froide Scythie,
De Kherson, d'Odessa, du Pruth, du Tanaïs.
Par ce débordement tout à coup envahis,
Les fils de l'Angleterre ont tressailli dans l'ombre;
Mais bientôt le courage a décuplé leur nombre;
L'âme en de tels périls se retrempe, et dès lors
Le dernier soldat monte à la hauteur des lords;
Le poltron devient brave, et le brave sublime.
Sous Cambridge et Cathcart, dont la voix les anime,
Dans un cercle de feux, impavides et droits,
Comme un mur dont la flamme assiége les parois,
Les solides Bretons, qu'un dur ciment enlace,
Tombent en résistant et meurent à leur place;
Et tous, jusqu'au dernier peut-être..... En ces moments
Arrive au pas de course, avec ses régiments,
Un homme de bras fort et d'âme résolue,
Bosquet, libérateur qu'un long hourra salue.
Là, même en nous mêlant entre leurs rangs étroits,
Nous sommes pour combattre à peine un contre trois;
Un contre trois! eh bien! la partie est égale.
Entre tant d'ennemis la lutte se signale;
Ils échangent la mort par les mêmes moyens,
Se criblent de boulets, d'obus, de biscaïens;

Dans la noire mêlée où la flamme rayonne,
Sous la lance, le sabre et l'arme de Bayonne,
Ils tombent, immolés à de sanglants discors :
Nos soldats sont heureux : ils luttent corps à corps.

Tandis que se heurtaient tant de masses diverses,
Voilà Sébastopol qui soulève ses herses,
Et sur le camp français, par essaims ruisselants,
Jette les bataillons recélés dans ses flancs.
La fortune a changé les rôles; notre armée
Est dans un double siége elle-même enfermée;
Mais de ces deux remparts qui viennent l'investir,
Par un double triomphe elle est prête à sortir.
S'il faut beaucoup de sang, elle en sera prodigue :
Comme un fleuve indigné, crevant sa double digue,
De ses flots bouillonnants submerge au loin ses bords,
Telle, coalisant de suprêmes efforts,
Elle s'enfle, déborde et refoule en arrière
La horde moscovite, impuissante barrière,
Qui fuit les yeux hagards, et roule en se sauvant
Comme la paille sèche au tourbillon du vent.
Là Bosquet, là Raglan chargent avec furie
Cosaques, fantassins, fourgons, artillerie,
Et tout ce qu'ont poussé dans ce sanglant hasard
Le knout, le fanatisme et les deux fils du Czar;
Leur souffle dévorant a balayé l'espace;
Ici, vers le côté qui resserre la place,
Canrobert, clôturant un triomphe si beau,

Donne aux fils de Moscou leur fossé pour tombeau,
De poussière et de sang cadavéreux mélange,
Sur qui La Motterouge entraîne sa phalange,
Qui foule ce monceau jusqu'au rempart voisin,
Comme le vendangeur écrase le raisin.
C'est là que, dominé par son bouillant courage,
Lourmel de ces débris consommait le carnage :
La baïonnette aux reins, à pas précipités,
Il les suit, les refoule aux murs qu'ils ont quittés,
Et peut-être, avec eux, dans le feu qui l'emporte,
De la ville béante eût-il franchi la porte,
Comme jadis Murat, qu'on dirait son aïeul,
Aux murs de Saint-Jean-d'Acre osa pénétrer seul,
Lorsqu'en pleine poitrine un plomb fatal le touche ;
Il tombe et, près de lui, sur leur dernière couche,
Tombent chefs et soldats, dignes du Panthéon,
Qui meurent pour la France et pour Napoléon.

LA TRANCHÉE.

Eh quoi ! faut-il encor descendre à la tranchée ?
Faut-il rentrer sous terre, et, la tête penchée,
Nous consumer, sans gloire, à l'œuvre du blaireau ?
Oui, soldats ! remettez votre sabre au fourreau ;
Oui, l'ardeur du péril n'est pas le caractère,
Qui résume à lui seul la vertu militaire ;
Si vous savez combattre, il faut encor savoir,
Que ne combattre pas est souvent un devoir.

Fabius, surnommé le très-grand capitaine,
Sauva par ses lenteurs la fortune romaine.
Un soldat ne ferait son métier qu'à demi
S'il ne se montrait fort que devant l'ennemi,
S'il ne livrait bataille, errant sous une place,
A la pluie, à la boue, à la neige, à la glace,
Aux rochers, aux torrents, aux bivacs de l'hiver,
A la fièvre qui tue encor mieux que le fer,
Légion de fléaux qui, sur ce promontoire,
Prolongent du grand jour l'œuvre préparatoire.
Courage! c'est en vain qu'entre vos bras durcis
Ces remparts condamnés obtiennent des sursis,
La ville ne peut fuir; tôt ou tard qu'elle tombe!
Peut-être, en dévouant une immense hécatombe,
On pourrait, avec vous, franchir dès aujourd'hui
Ces murs où se morfond votre héroïque ennui;
Mais la France, qui sait le prix que vaut un homme,
De ses nobles enfants est meilleure économe.
Quand le courrier, venu de votre camp lointain,
De vos hardis exploits nous porte un bulletin,
Souvenez-vous, soldats, que les pleurs de vos frères
Mouillent du *Moniteur* les listes funéraires,
Et qu'au sein de la gloire où s'enfoncent vos pas,
Nous comptons votre sang, que vous ne comptez pas.
Attendez; aux vaincus ne donnez pas la fête
D'avoir trop chèrement fait payer leur défaite;
Attendez, la partie est sûre, et son destin
Ne doit pas se jouer sur un coup incertain.

Attendez ; chaque jour, plus près de la muraille,
Votre canon y creuse une plus large entaille ;
Chaque jour des vaisseaux apparaissent en mer,
Les uns vous apportant les bataillons d'Omer,
Qui jurent, en frappant leur poitrine meurtrie,
De se ressusciter grands comme à Silistrie ;
Les autres, ramenant dans vos bras fraternels
Vos compagnons d'Afrique et leurs vieux colonels.
Voici la jeune garde, élite chevronnée,
Qui sait par quels exploits sa noble sœur aînée
Incrusta de son nom la Colonne d'airain ;
Voici La Marmora, les drapeaux de Turin.
Il serait là, lui-même, entre vos batteries,
Celui qui veille à tout, du fond des Tuileries ;
Il serait accouru pour cueillir avec vous
La palme réservée à vos suprêmes coups,
Si de plus grands devoirs, si la France alarmée
N'eussent parlé plus haut que les vœux de l'armée ;
Mais du conseil des camps il est l'âme et l'appui,
Et votre premier chef, présent ou non, c'est lui.
Courage ! l'œuvre lente et sagement conçue
Marche infailliblement vers sa dernière issue ;
Encore un pas ou deux dans ce rude chemin.
Courage ! au premier jour, qui peut être demain,
Pendant que vous serez endormis sous la tente,
Rêvant, avec tristesse, à votre longue attente,
Tout à coup le clairon qui retentit si haut,
Cette horloge des camps, vous sonnera l'assaut.

MALAKOFF.

Nous aussi, nous séchons d'une attente fiévreuse ;
Quand donc sortirons-nous du fossé qui se creuse ?
Quand donc sous nos boulets crouleront ces remparts ?
Moi-même, en excusant de glorieux retards,
Moi qui viens de chanter les premiers épisodes
D'une œuvre à la hauteur des antiques rhapsodes,
Je frémis de camper, après des temps si longs,
Sur les mêmes rochers, ravins et mamelons,
Dans le sable et la boue avec le sang trempée ;
Je suis las d'assaillir avec mon épopée
Ce polype de murs qui prolonge en tous sens
Ses bras toujours coupés et toujours renaissants,
Et ma fatigue aspire au dénoûment suprême.
J'aurais voulu pourtant élargir ce poeme,
Et dignement le clore en faisant retentir,
Comme pour Inkermann, un hymne pour Traktir,
En proclamant les noms, que chaque jour dévoile,
De ceux qui, triomphants, passeront sous l'Étoile,
Ou qui dorment, là-bas, du sol russe couverts.
Mais l'histoire a marché plus vite que mon vers,
Sur l'électricité la victoire est venue,
Cent un coups de canon font palpiter la nue ;
Paris, comme un flambeau, s'allume dans la nuit,
Il placarde partout Sébastopol détruit ;
Les murs parlent ; gardons notre bouche muette,
Ou plutôt, ranimons notre voix de poete

Pour chanter ce message écrit avec l'acier,
Poeme fulminant que signa Pélissier.

Soldats! rehaussez-vous de toute votre taille ;
C'est le jour, c'est l'instant de la grande bataille :
L'orchestre du canon a déjà resplendi,
Un plein soleil vous sert de lustre, il est midi,
Et l'Europe attentive est un amphithéâtre
Qui plane sur la scène immense où vont combattre
Les Croisés de notre âge et les fils d'Attila,
Sur la tour Malakoff. Le sort du monde est là.
« A l'assaut! à l'assaut ! » De cent mille poitrines
Ce cri s'échappe et court jusqu'aux plages marines
En semant le frisson sur les forts et les tours.
A ce cri, renforcé par les rauques tambours,
Les étendards anglais, les drapeaux tricolores
S'élancent vers trois points comme des météores.
Sur ces trois points déjà la bataille se tord :
Assiégés, assiégeants, la mort contre la mort,
Ceux-ci dans les fossés, ceux-là sur les murailles,
Font ronfler les obus et grincer les mitrailles ;
Sans échelles, sans ponts, dans ces gouffres ardents,
Nous fondons sur la tour et sur les deux redans.
O formidable lutte! ô coûteuse victoire !
Que de sang pour écrire une page d'histoire !
Que de soldats vaillants! que de braves sans nom,
De héros ignorés broyés par le canon !
Vous aussi, nobles chefs, vous leur vivante enseigne,

Rivet, Breton, Saint-Pol, et toi, jeune Cassaigne,
Toi que Pélissier aime et nomme son enfant,
Vous tombez là, couverts d'un tombeau triomphant!
Près de vous sont frappés Pontevès et Maroile.
Mais sur vos bataillons en vain la foudre vole ;
Les zouaves et la Garde incessamment éclos,
Jaillissent sous le mur qui comprime leurs flots,
Comme dans la chaudière une eau bouillante monte,
En soulevant par bonds son couvercle de fonte.
Vainement Malakoff, qui sent ses pieds étreints,
D'une écharpe de flamme enveloppe ses reins,
Vomit des blocs de fer par sa gueule béante ;
Cramponnés par les mains autour de la géante,
Sur un sanglant monceau de débris chancelants,
Bosquet et Mac-Mahon escaladent ses flancs ;
Mais sa tête combat toujours avec furie.
Cinq fois, sous l'ouragan de son artillerie,
Notre Aigle avec douleur redescend vers le sol ;
Et c'est après l'élan de son sixième vol,
Car il faut qu'en ce jour, elle triomphe ou meure,
C'est après cinq assauts, après la sixième heure,
Qu'elle salue enfin le ciel qui la bénit,
Et pousse un cri vainqueur sur la tour de granit.

ÉPILOGUE.

Voilà donc le joyau dont ils se faisaient gloire,
L'imprenable cité, reine de la mer Noire,

Ce nid de bastions, de rades et de tours,
Où les vaisseaux rentraient leurs ailes de vautours !
Voilà Sébastopol ! flamme, fumée et cendre,
Un cratère, un abîme où l'on craint de descendre ;
Éternel monument d'un inflexible orgueil,
Voilà ce qu'il en reste à jamais : un écueil ;
Une noire fournaise encor non refroidie ;
Des remparts écroulés que ronge l'incendie ;
Des vaisseaux par la torche à demi dévorés
Ou plongeant dans les flots leurs mâts déshonorés ;
Des places, des chemins pavés d'éclats de bombes ;
Ici, le sang caillé des vieilles hécatombes ;
Là, des lambeaux humains encor tout palpitants ;
Silencieux chaos ; ville sans habitants ;
Crevasse désolée où rampent quelques ombres ;
Indescriptible amas d'ossements, de décombres
Pulvérisés, tordus, calcinés sur le sol ;
Sépulcre impérial, voilà Sébastopol !

9 septembre 1855.

www.ingramcontent.com/pod-product-compliance
Lightning Source LLC
Chambersburg PA
CBHW060628050426
42451CB00012B/2481